Carlos Alcaraz para montar
Los editores de Catapulta

Primera edición.

Catapulta

C/ Casanova, 226
Planta ppl, puerta 4
08036 Barcelona
info@catapulta.net
catapulta.net

Coordinación editorial: Florencia Carrizo
Textos y edición: Verónica Chamorro
Ilustraciones: Sebastián Ramseg
Corrección: Cristina M. Paoloni y Manuel Fernández Plata
Diseño gráfico: Pablo Ayala

Crédito de imágenes: pp. 4, 42 Pelota de tenis © freepik;
pp. 4, 30, 42 Raqueta de tenis © freepik; p. 6 Pelota de fútbol © macrovector;
p. 6 Palo de hockey © studio4rt; p. 6 Pelota de voleibol © pch.vector;
pp. 8, 10, 14, 16, 18, 24, 28, 32, 36, 42 Globo de diálogo © rawpixel.com;
p. 12 Gráfico de barras © freepik; p. 30 Salud mental © freepik;
p. 30 Bolígrafo © freepik; p. 30 Corazón © macrovector;
p. 30 Cruz médica © macrovector; pp. 30, 32 Pesas y zapatillas © freepik;
p. 34 Arroz con pescado © freepik; p. 38 Almohada © macrovector_official;
p. 40 Música © juicy_fish; p. 44 Premios © pch.vector.

ISBN 978-84-19987-32-7

Impreso en China en julio de 2024.
Complemento hecho en China.

© 2024, Catapulta Editores S. L.

ÍNDICE

UN GRANDE DESDE PEQUEÑO

Carlos Alcaraz —o Carlitos, como le gusta que lo llamen— siempre soñó con estar entre los mejores jugadores de tenis del mundo. ¡Y vaya que lo logró!

La increíble potencia y audacia de su juego y la alegría que mantiene en la pista en todo momento lo han convertido en la clase de deportista que verdaderamente llena de orgullo a un país entero, no solo por ser una figura del tenis mundial, sino también porque ha sabido mantener la humildad y la calidez tanto dentro como fuera de la pista.

Carlos Alcaraz empezó a jugar al tenis cuando era muy pequeño. Ser el número uno requiere esfuerzo, sacrificio, trabajo duro y pasión.

Cuenta su familia que a los tres años sostuvo por primera vez una raqueta y que, desde entonces, ya nunca la soltó. Recuerdan que la arrastraba por la Real Sociedad Club de Campo de Murcia, porque aún era demasiado pequeño para levantarla.

Cuando era niño, ¿con qué otro tenista rivalizaba Alcaraz?

A. Lorenzo Musetti.
B. Holger Rune.
C. Jack Draper.

TENIS: PASIÓN QUE VIENE DE FAMILIA

Carlos Alcaraz Garfia es el segundo de cuatro hermanos. Nació el 5 de mayo de 2003 en El Palmar, Murcia, un pueblo que sigue sintiendo como su hogar.

Su padre, Carlos Alcaraz González, fue jugador de tenis y de pádel, y les transmitió a sus hijos su amor por el deporte. Era muy bueno: llegó a ser subcampeón de tenis de España y alcanzó el puesto 42 en el *ranking* local, pero su familia no podía costearle la carrera, así que abandonó el sueño de ser un tenista profesional.

Su madre, Virginia Garfia, no se pierde ninguno de los partidos de su hijo, ¡pero se pone muy nerviosa al verlo jugar!

El amor por la pelota y la raqueta se remonta a tres generaciones atrás en la familia Alcaraz. Su abuelo también era aficionado a ese deporte y llevó a su nieto a formar parte del club de tenis Tiro de Pichón. Actualmente, Carlos padre dirige la escuela de tenis de ese club.

A pesar de sus conocimientos y de dedicarse profesionalmente a la enseñanza del tenis, Carlos Alcaraz padre decidió que no sería el entrenador de su hijo para evitar que la presión por competir perjudicara su relación.

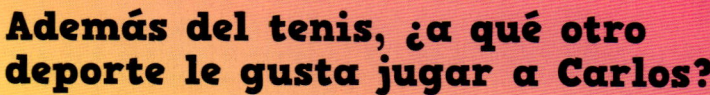

Además del tenis, ¿a qué otro deporte le gusta jugar a Carlos?

A. *Hockey*.
B. Fútbol.
C. Voleibol.

PRIMEROS AÑOS

Cuando Alcaraz tenía 13 años, Albert Molina vio su potencial y se convirtió en su mánager.

A los 14 años, Alcaraz dejó el colegio, los amigos y la familia en Murcia para ingresar a la Equelite JC Ferrero Sport Academy en Villena, Alicante.

En este centro de alta competición, considerado como uno de los mejores del mundo, Alcaraz estuvo bajo la tutela de Carlos Ferrero, ganador del Roland Garros de 2003. Gracias a su preparación, pronto el joven tenista, aún desconocido, empezó a destacar en torneos nacionales e internacionales.

En la Academia Equelite no hay lugar para privilegios ni elogios exagerados. Está situada en las afueras de la ciudad, lejos de las distracciones: la discoteca más cercana está a diez kilómetros.

«Es un jugador muy dinámico y que maneja todos los golpes, como Thiem. Su tenis presenta más similitudes con el de Federer y Djokovic que con el de Nadal, pues busca acabar los puntos en la red y a la que (si) tiene oportunidad, va a por el *winner*». (Juan Carlos Ferrero)

En 2015, cuando apenas tenía 12 años, Carlos Alcaraz fue entrevistado tras comenzar a ganar sus primeros torneos infantiles. En esa entrevista dijo:

A. Que su sueño era ganar Roland Garros y Wimbledon, y que su ídolo era Roger Federer.
B. Que, sin duda, se convertiría en el número uno del mundo y superaría a todos.
C. Que admiraba a Novak Djokovic.

EL DEBUT EN EL CIRCUITO DE LA ATP

El 17 de febrero de 2020, con apenas 16 años, Carlos Alcaraz ganó su primer partido en el cuadro final del torneo ATP 500 de Río de Janeiro. Se sumó así a la lista de grandes figuras del tenis que también estrenaron su consagración deportiva a esa edad, como Novak Djokovic, Juan Martín del Potro y Alexander Zverev.

Más tarde, ese mismo año, consiguió su primer título Challenger y se convirtió en el quinceavo jugador más joven en lograr un título profesional.

En el año en que la pandemia de COVID-19 paralizó al mundo, Alcaraz terminó dentro de los 250 mejores en el *ranking* de la ATP.

«Quiero dar las gracias a mi familia y a mi equipo, que me ayudan cada día a ser mejor, tanto profesionalmente como a nivel personal», dijo Alcaraz tras consagrarse campeón.

El **Circuito de la ATP** es una serie de 68 torneos individuales y 3 por equipos que organiza la Asociación de Tenistas Profesionales (ATP). Un gran reto que implica encuentros en 30 países diferentes. Entre los torneos se destacan: el Grand Slam, el ATP World Tour Finals, ATP Masters 1000, ATP World Tour 500, ATP World Tour 250, ATP Challenger Series.

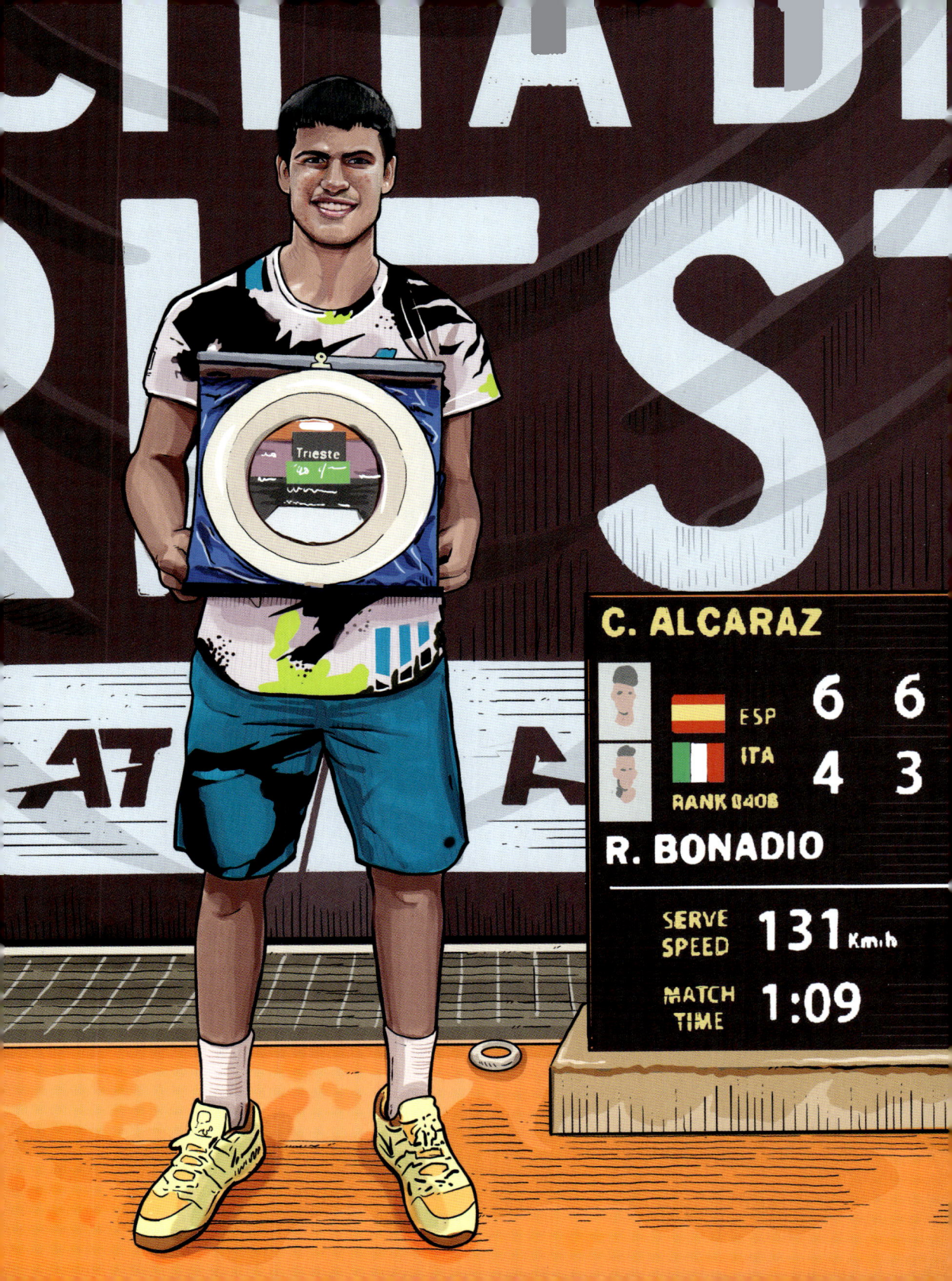

2021: UN AÑO LLENO DE DESAFÍOS Y RÉCORDS

Las largas horas de entrenamiento, el esfuerzo y la disciplina empezaron a dar frutos. Los torneos de la temporada 2021 mostraron el crecimiento de Alcaraz y su fuerte evolución en la pista.

Comenzó el año a pura potencia. El 13 de enero, se clasificó para el cuadro final del Abierto de Australia 2021 y se convirtió así en el primer jugador masculino nacido en 2003 en clasificarse para el cuadro final de un Grand Slam.

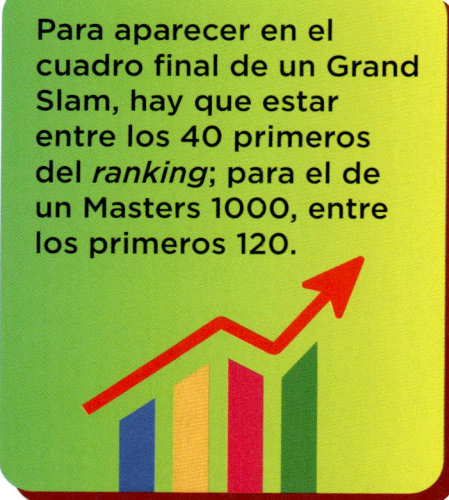

Para aparecer en el cuadro final de un Grand Slam, hay que estar entre los 40 primeros del *ranking*; para el de un Masters 1000, entre los primeros 120.

El 9 de febrero de 2021, ¡su debut en un Grand Slam terminó en victoria! Carlos Alcaraz ganó al neerlandés Botic van de Zandschulp y, con 17 años y 9 meses, se convirtió en el tercer español más joven de todos los tiempos en ganar un partido de Grand Slam. Lamentablemente, perdió el partido siguiente contra el sueco Mikael Ymer.

¿Quiénes son los dos tenistas que ganaron un partido de Grand Slam cuando eran más jóvenes que Alcaraz?

A. David Ferrer y Álex Corretja.
B. Manuel Santana y Juan Carlos Ferrero.
C. Rafael Nadal y Arantxa Sánchez Vicario.

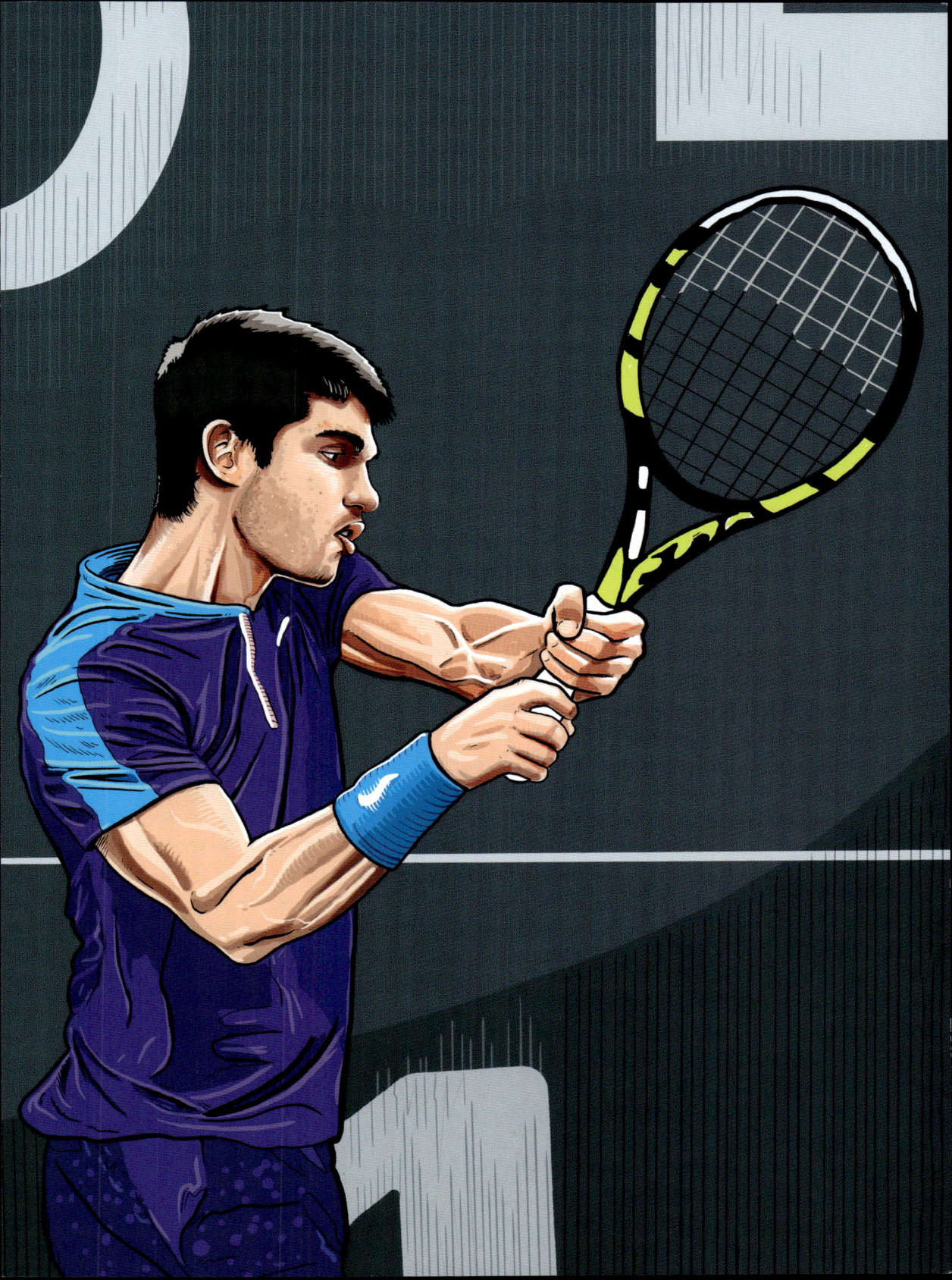

PRIMERA VICTORIA EN UN MASTERS 1000

En el Masters de Madrid 2021, Alcaraz recibió una *wild card* para el cuadro principal y logró en primera ronda derrotar al francés Adrian Mannarino (6-4, 6-0). Así, consiguió su primera victoria en un Masters 1000.

Tras ese resultado, Alcaraz quedó en posición de jugar el duelo de segunda ronda con uno de sus ídolos: Rafael Nadal. ¡Justo el día en que Carlitos cumplía 18 años!

Aunque Nadal fue el ganador indiscutido del encuentro, por aquel entonces, muchos medios comenzaron a compararlos por haber llegado tan jóvenes al ATP Tour.

Una *wild card* es una invitación que los organizadores del torneo suelen otorgar a numerosos jugadores para participar en la competición, ya sea directamente en el cuadro final o bien para disputar la fase previa en busca de ese objetivo.

«Tiene la pasión. Es lo suficientemente humilde como para trabajar duro. Es un buen tipo. Me recuerda a muchas cosas de mí cuando yo tenía 17 o 18 años». (Rafael Nadal)

Los **ATP Masters 1000** son una serie de nueve torneos que forman parte del Circuito de la ATP. Se celebran anualmente, y durante todo el año, en Europa, Norteamérica y Asia. Son los torneos más importantes y prestigiosos después de los Grand Slam. ¡Una gran meta para cualquier tenista!

PRIMER ROLAND GARROS

En el Torneo de Roland Garros 2021, Alcaraz consiguió entrar en el cuadro principal a través de la fase previa. En primera ronda derrotó a Bernabé Zapata Miralles en 4 sets, convirtiéndose en el jugador más joven desde Novak Djokovic (en 2005) en ganar un partido en el torneo parisino.

En segunda ronda derrotó al georgiano Nikoloz Basilashvili en sets corridos, convirtiéndose, con 18 años y 29 días, en el jugador más joven en alcanzar la tercera ronda de un Grand Slam desde Rafael Nadal (17 años, 7 meses y 19 días) en el Abierto de Australia de 2004; y el más joven en conseguirlo en Roland Garros desde que lo hiciera el ucraniano Andréi Medvédev en 1992 (17 años y 9 meses).

Alcaraz perdió en tercera ronda de Roland Garros 2021 contra el tenista alemán Jan-Lennard Struff, quien lo felicitó y dijo sobre él: «Tiene que seguir así, va a ser un grandísimo jugador».

El Abierto de Francia, más conocido como **Roland Garros**, es uno de los torneos más importantes del mundo y uno de los más antiguos. Forma parte del Grand Slam y es el principal torneo celebrado sobre polvo de ladrillo. Se desarrolla durante dos semanas y media, a finales del mes de mayo, en París. El tenista que más veces ha ganado el torneo en categoría individual masculina es Rafael Nadal.

UN DUELO INOLVIDABLE SOBRE CÉSPED

En junio de 2021, recibió nuevamente una *wild card* para disputar el Campeonato de Wimbledon. Por fin llegaba la oportunidad de presentarse por primera vez a jugar sobre césped a nivel profesional. Y, aunque no consiguió el título, ¡vaya si destacó! Alcaraz obtuvo una gran victoria en primera ronda contra el japonés Yasutaka Uchiyama en un partido que se extendió hasta el quinto set y que duró ¡cuatro horas y dieciocho minutos!

Ya en segunda ronda no pudo superar al ruso y número 2 del mundo Daniil Medvédev y tuvo que despedirse de su primera participación en Wimbledon.

Tras su primer partido, Alcaraz declaró a la prensa: «Había jugado en *juniors* aquí, hace dos años, pero no es nada comparable. Ha sido duro, porque no había podido disputar ningún torneo sobre césped antes de llegar aquí, donde mejoré poco a poco en los entrenamientos. En el partido me encontré bien, supe pelear y sufrir».

El **Campeonato de Wimbledon** es el torneo de tenis oficial más antiguo del mundo y el de mayor prestigio. Se juega sobre césped en el All England Lawn Tennis and Croquet Club, en Wimbledon, Londres, desde 1877. Wimbledon es uno de los cuatro torneos de Grand Slam. Los otros tres son el Abierto de Australia, el Abierto de Francia y el Abierto de Estados Unidos.

FINAL DE TEMPORADA LLENO DE RETOS E ILUSIONES

El 25 de julio de 2021, en la arcilla de Umag, Alcaraz ganó su primer título ATP al vencer a Richard Gasquet (6-2, 6-2), y se convirtió en el tenista más joven desde Kei Nishikori, en el Torneo de Delray Beach 2008, en conseguir un título ATP.

En agosto, debutó en el cuadro principal del Abierto de Estados Unidos 2021. En primera ronda le ganó al británico Cameron Norrie; en segunda ronda, a Arthur Rinderknech; y en tercera ronda, dio la gran sorpresa al vencer en 5 durísimos sets a Stéfanos Tsitsipás, cabeza de serie número 3. Ya en cuarta ronda, venció al alemán Peter Gojowczyk y alcanzó así sus primeros cuartos de final en un Grand Slam.

Tras un gran torneo y mucho desgaste, no pudo completar el partido de cuartos por problemas físicos en el cuádriceps y en el abductor.

Después de varios torneos en los que tuvo una buena actuación pero no obtuvo títulos, en noviembre ganó el Next Generation ATP Finals 2021 (competición que reúne a los mejores tenistas menores de 21 años, pero que no da puntos para el *ranking* ATP). Así cerró un año intenso, que comenzó en la posición 141 del *ranking* ATP y terminó en la número 32.

¿En qué orden se juegan los torneos de Grand Slam?

A. El Abierto de Australia, Wimbledon, Roland Garros y el Abierto de Estados Unidos.

B. Roland Garros, Wimbledon, el Abierto de Estados Unidos y el Abierto de Australia.

C. Abierto de Australia, Roland Garros, Wimbledon y el Abierto de Estados Unidos.

2022: ¡DEL PUESTO 32 AL NÚMERO 1!

La evolución de Carlos Alcaraz desde enero a noviembre de 2022 solo se explica por el talento, la pasión y el asombroso esfuerzo que puso en cada partido, torneo tras torneo.

El ascenso fue impresionante: pasó de ocupar la posición número 32 del *ranking* mundial a principios de año a culminar la temporada en la cima del tenis masculino, cuando el 12 de septiembre alcanzó la primera posición. Ese es el salto más grande al primer puesto en 50 ediciones del Pepperstone ATP Ranking de fin de año.

ENERO 2022

Llega a tercera ronda del Abierto de Australia. Cae ante Matteo Berretini (*top* 7 mundial) tras un partido de 4 horas, 10 minutos.

FEBRERO 2022

Gana el primer título de la categoría en el Open de Río de Janeiro, torneo ATP 500.

MAYO 2022

Gana su segundo Masters 1000, el de Madrid, tras enfrentarse a Rafael Nadal, Novak Djokovic y Alexander Zverev.

—

Alcanza su mejor resultado en Roland Garros, al llegar a cuartos de final. Pierde contra Alexander Zverev.

ABRIL 2022

Gana el ATP Masters 1000 en Miami.

—

Gana el ATP Masters 500 Barcelona Open Banc Sabadell. Entra por primera vez en el *top* 10 del *ranking* ATP.

SEPTIEMBRE 2022

Gana el US Open ¡y se convierte en el número 1 más joven de la historia!

OCTUBRE 2022

Se retira del Masters 1000 de París en cuartos de final por lesión muscular.

NOVIEMBRE 2022

Recibe el premio que lo acredita como líder del circuito en Turín.

EL EQUIPO ESPAÑOL DE TENIS Y LA COPA DAVIS

Además de los torneos en competiciones individuales, en marzo de 2022 Alcaraz hizo su debut con la selección española en la Copa Davis contra Rumanía, en el clasificatorio para la fase final de 2022. Su victoria, junto con la de Roberto Bautista, dejaron al equipo bien posicionado para obtener la «Ensaladera», como se suele llamar popularmente al trofeo de este certamen.

En septiembre, Alcaraz perdió contra el integrante del equipo canadiense Auger-Aliassime. Pero dos días después le ganó a Soonwoo Kwon, del equipo de Corea del Sur, y permitió así el pase del equipo español a la fase final de la Copa Davis, de la que serían eliminados tras enfrentarse a Croacia.

En la Copa Davis, a diferencia de la mayoría de los torneos de tenis internacionales, la competición no es a título individual, sino por equipos nacionales que representan a cada país participante.

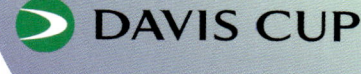

Lamentablemente, en septiembre de 2023 Alcaraz debió renunciar al equipo de la Copa Davis. «Me hacía mucha ilusión jugar por 🇪🇸 la Davis en Valencia, pero tengo que escuchar a mi cuerpo después de una gira muy larga. Necesito parar y descansar, física y mentalmente. El calendario es muy exigente, todavía queda mucha temporada, y ahora me toca recargar fuerzas. ¡Mucha suerte al equipo español! 💪 ¡Os estaré apoyando con fuerza! ¡Vamos!», declaró en sus redes.

EL ANSIADO TRIUNFO EN WIMBLEDON

Alcaraz inició el año 2023 con un plan de trabajo que implicaba disputar 19 torneos del circuito de la ATP, pero una lesión en la pierna derecha lo obligó a hacer una pausa. Después de cuatro meses de rehabilitación, regresó a las pistas en el Torneo ATP 250 de Buenos Aires, en el que se consagró ganador.

En el Queen's Club Championships de 2023, logró la primera victoria de su carrera en un torneo sobre hierba. La victoria en Londres lo situó nuevamente en el puesto número 1 de la clasificación mundial y le permitió ser cabeza de serie en el cuadro individual de Wimbledon 2023.

El Campeonato de Wimbledon 2023 comenzó con Carlos como máximo favorito. Y Alcaraz no defraudó las expectativas de miles: llegó a la final tras vencer a Jeremy Chardy, Alexandre Müller, Nicolás Jarry, Matteo Berrettini, Holger Rune y Daniil Medvédev. En la final, superó a Novak Djokovic y puso fin a la racha de 34 victorias consecutivas de Djokovic en Wimbledon.

El triunfo de Alcaraz en Wimbledon rompió con veinte años de dominio de los Big Four (los Cuatro Grandes): Novak Djokovic, Rafael Nadal, Roger Federer y Andy Murray.

¿Cuántos tenistas españoles ganaron Wimbledon en categoría individual?

A. 7
B. 5
C. 10

SUEÑOS CUMPLIDOS

Carlos Alcaraz consiguió así cumplir sus sueños de niño y convertirse en el tercer español en ganar en Londres. Tras años de preparación, logró vencer a los mejores jugadores de tenis del mundo, demostrando que forma parte de una nueva generación que ya dejó su huella en la historia del deporte.

En el camino, los fracasos no le quitaron la sonrisa ni los éxitos se han llevado su humildad. A través de sus redes, continúa brindando su apoyo, declarando su admiración y halagando a sus principales ídolos, incluso cuando deban enfrentarse en la pista. Y es que Alcaraz reconoce cómo lo han inspirado y lo han llevado a ser un mejor deportista.

«¡Siempre tienes que creer! Solo tengo 20 años, todo pasa muy deprisa, pero estoy muy orgulloso de cómo trabajamos a diario. Gracias a todos por vuestro apoyo, de todo corazón», declaró en sus redes.

¿Qué otros españoles han ganado Wimbledon, además de Alcaraz?

A. Manolo Santana y Rafael Nadal.
B. Juan Carlos Ferrero y Manuel Orantes.
C. Carlos Moyá y David Ferrer.

LA IMPORTANCIA DE UN BUEN EQUIPO

Incluso en competiciones individuales, el éxito nunca se alcanza solo. Requiere del continuo acompañamiento de la familia y los amigos y de grandes profesionales.

Además de su familia y sus amigos de siempre, Carlos Alcaraz cuenta con un equipo de confianza que lo guía. Desde sus inicios, su gran compañero de viaje ha sido el tenista Juan Carlos Ferrero: su entrenador y la persona que ha recorrido con él este camino de éxitos. Su mánager, Albert Molina, lo acompaña desde sus 13 años.

El equipo se completa con dos preparadores físicos, Álex Sánchez y Alberto Lledó; tres fisioterapeutas, Juan José Moreno, Fran Rubio y Sergio Hernández; un médico, Juanjo López, y una psicóloga, Isabel Balaguer.

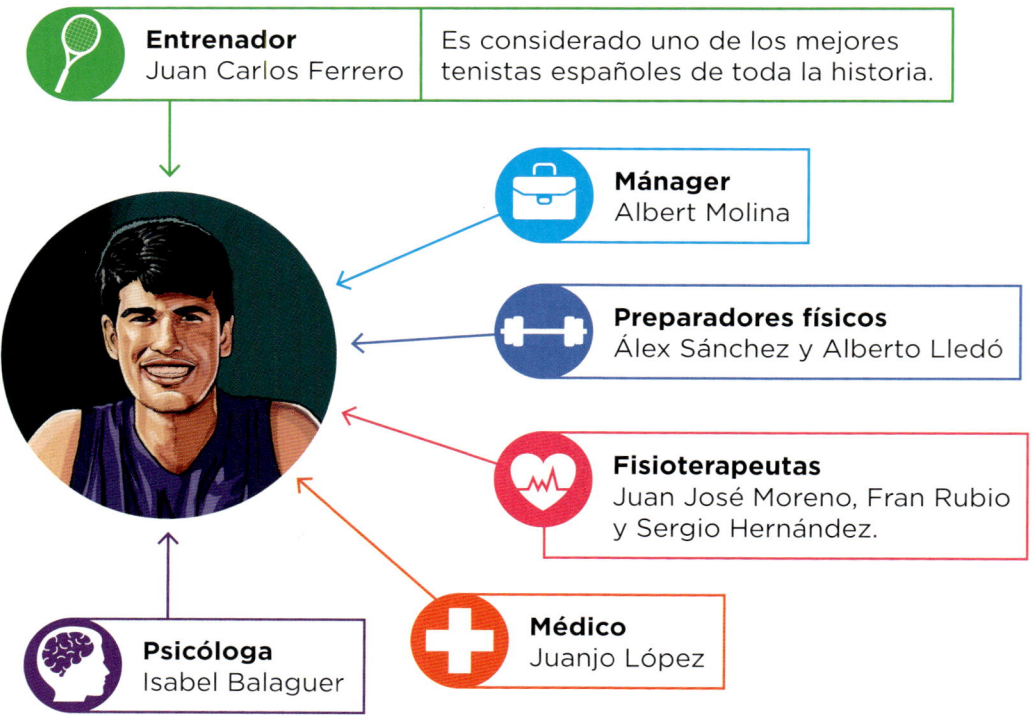

Entrenador
Juan Carlos Ferrero

Es considerado uno de los mejores tenistas españoles de toda la historia.

Mánager
Albert Molina

Preparadores físicos
Álex Sánchez y Alberto Lledó

Fisioterapeutas
Juan José Moreno, Fran Rubio y Sergio Hernández.

Médico
Juanjo López

Psicóloga
Isabel Balaguer

UN ENTRENAMIENTO A MEDIDA

Alcaraz es un deportista muy completo: elástico, potente y resistente, y tiene un gran rendimiento en todas las superficies. Y, aunque se cuida para estar siempre en la mejor condición física posible, las lesiones son frecuentes en la vida deportiva de un tenista. La preparación física es tan fundamental como la recuperación después de cada lesión. El responsable del trabajo físico de Carlos Alcaraz es Juanjo Moreno.

Su rutina en el gimnasio incluye entrenar durante cinco o seis horas al día (y a veces más). Las sesiones están diseñadas para aumentar su velocidad y resistencia.

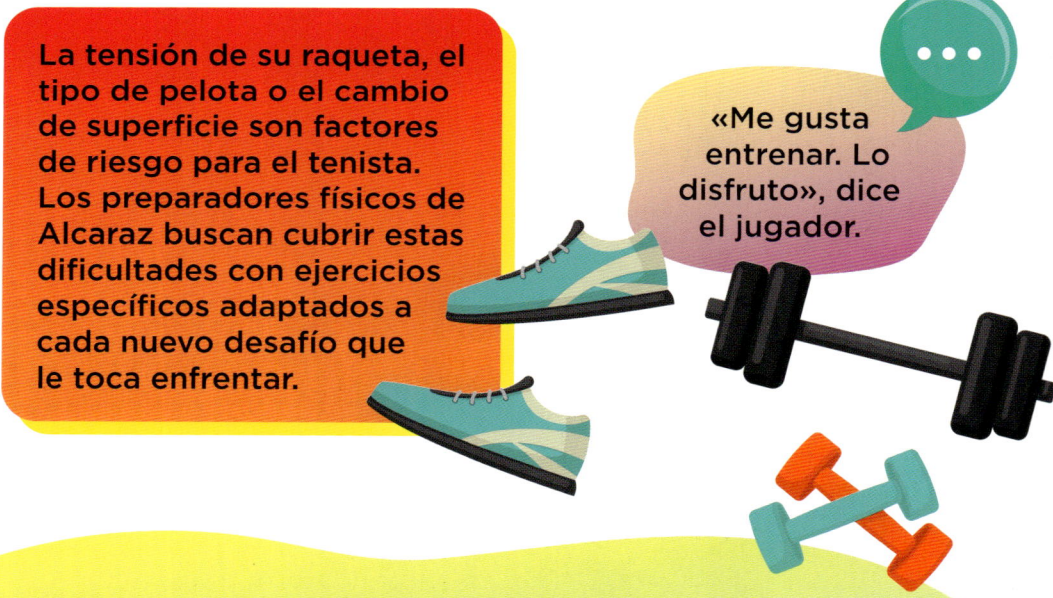

La tensión de su raqueta, el tipo de pelota o el cambio de superficie son factores de riesgo para el tenista. Los preparadores físicos de Alcaraz buscan cubrir estas dificultades con ejercicios específicos adaptados a cada nuevo desafío que le toca enfrentar.

«Me gusta entrenar. Lo disfruto», dice el jugador.

¿Cuál fue uno de los primeros motes de Carlos Alcaraz?

A. *Cuerpo de espagueti*.
B. *Correcaminos*.
C. *Enterrador*.

LA DIETA DEL CAMPEÓN: PASTA CON CHOCOLATE

Los triunfos de Carlos Alcaraz tienen mucho que ver con su gran dedicación, que involucra mucho entrenamiento físico y una dieta estricta.

Alcaraz cuida al máximo su alimentación, prefiere el pescado a la carne, de modo que lo incluye a menudo en su dieta junto con ensalada y arroz. Pero su alimento clave para tener energía antes de cada partido es la pasta: «Una hora y media antes de un partido, como una pasta con crema de cacao 100 %, dátiles y aceite de oliva para que me dé energía». La crema de cacao, conocida como ambrosía, está libre de azúcares añadidos y edulcorantes.

La noche antes de un partido, Carlos cena arroz con pescado. Pero cuando no está en temporada de torneos, adora comer un puchero con pringá, que es un cocido andaluz con la carne típica del cocido bien picada.

¿Qué otra rutina tiene Alcaraz después de los partidos?

A. Tomar zumo de frutas.
B. Bañarse en hielo.
C. Salir a celebrarlo, sin importar el resultado.

EL ENTRENAMIENTO DE ALCARAZ PARA TENER UNA MENTE GANADORA

No ha sido fácil para Alcaraz soportar la rutina y las altas exigencias deportivas. Mucho menos, al comienzo de su carrera. Alberto Lledó recuerda lo mucho que le costó al principio. «La primera pretemporada acabó casi llorando. No estaba acostumbrado a ese esfuerzo y sacrificio». Alcaraz tuvo que adaptarse a la dura rutina desde sus inicios en la Academia Equelite y trabajar su mente para tolerar las exigencias, las frustraciones y mantener la concentración en el juego. Tener mentalidad de ganador también requiere preparación. Para tolerar la derrota se necesita un buen manejo de la frustración, la ira, la ansiedad, la autoestima y la confianza. Cuanto antes se aprende a gestionar esas emociones, más fácil es superar los malos momentos.

Alcaraz fue abucheado desde la tribuna en el Masters de París. «Fue el peor momento de mi carrera, porque era la primera vez que me enfrentaba a algo así. Pero, a la vez, me alegra haberlo vivido tan pronto, porque ahora ya sé cómo gestionar ese tipo de situaciones. Para mí el tenis es algo casi puramente mental. Al final, estás tú allí solo en la pista, y eres tú y solo tú quien tiene que sobreponerse a los problemas y saber encontrar soluciones. Son cuestiones que estoy trabajando con mi psicóloga, Isabel Balaguer, con la que llevo ya tres años».

Carlos también trabaja la agilidad mental mediante el ajedrez. «Me ayuda a estar más rápido mentalmente, a observar jugadas, a ver el movimiento que quieres hacer, la estrategia... A estar concentrado todo el tiempo. En el ajedrez, como (en) el tenis, te despistas un momento y ya se revuelve la partida. En este aspecto son dos disciplinas bastante parecidas».

UNA DE LAS CLAVES DEL ÉXITO: ¡LA SIESTA!

Mientras otros jugadores aprovechan los últimos minutos antes de un encuentro para practicar, Carlos Alcaraz elige dormir treinta minutos antes de cada partido, incluso antes de aquellos más estresantes. Carlitos sostiene que este descanso le permite tener más energía durante el juego.

La siesta es una más de las rutinas que Alcaraz cumple siempre, convencido de que aumenta su concentración y mejora su rendimiento físico e intelectual.

Así como la disciplina rige su día a día, también es parte de su rutina salir con amigos, cuando no está entrenando o compitiendo, y disfrutar de las playas de Murcia. Pese a haberse marchado del hogar familiar muy pronto, Carlos Alcaraz aún vuelve a la casa de sus padres cada vez que puede. Allí es un vecino más y no una superestrella mundial del deporte.

Poco antes de debutar en las Next Generation ATP Finals 2021, fue captado por las cámaras durmiendo la siesta mientras en la pista estaban el estadounidense Brandon Nakashima y el argentino Juan Manuel Cerúndolo.

AMIGOS Y FANS EN TODO EL MUNDO

Muchas son las personalidades, tanto españolas como mundiales, que han caído rendidas ante el juego de Carlos Alcaraz.

Michelle Obama, Bon Jovi, el rey Felipe VI de España, el príncipe William de Inglaterra, la princesa de Gales Kate Middleton y su hija, la princesa Charlotte de Inglaterra, Brad Pitt, Hugh Jackman, Jimmy Butler y Ariana Grande son algunas de las figuras que han alentado al joven tenista desde las tribunas en todo el mundo.

Alcaraz formó equipo de dobles con el cantante colombiano Sebastián Yatra para el partido de exhibición Stars of the Open, organizado previamente al US Open 2023 con el fin de recaudar fondos para Ucrania. Tras este encuentro se forjó un muy buen vínculo entre ambos jóvenes.

¿Qué canción de Yatra suele escuchar Alcaraz mientras entrena?

A. *Una noche sin pensar*.
B. *Melancólicos anónimos*.
C. *Vagabundo*.

¿POR QUÉ ES TAN ESPECIAL EL ESTILO DE JUEGO DE ALCARAZ?

Alcaraz ha mostrado ser dueño de una variedad única a la hora de jugar, lo que sin duda ha sido clave para su consagración. Dos de las principales virtudes de Alcaraz son la explosividad y la rapidez, ya que pasa fácilmente de la defensa al ataque. Pero no son las únicas: puede romper la pelota con un golpe ganador o acariciarla para hacer una dejada junto a la red. Abrir ángulos, subir a la volea, pegarle plano o liftado. Rápido, potente, con un impresionante repertorio de golpes y, sobre todo, muy inteligente en la pista, Alcaraz lo tiene todo para dejar una huella inolvidable en el tenis.

La temeridad de su juego lo convierte en uno de los jugadores más agresivos del circuito desde el mítico Pete Sampras.

«No lo dejamos ser defensivo. Con los golpes que tiene, juega mucho mejor cuando va para adelante. Hay pocos jugadores con su fuerza», dice Ferrero.

«Si me quieren ganar van a tener que sufrir, que correr mucho y jugar a un nivel muy alto durante mucho tiempo. Físicamente me encuentro bien y también mentalmente». (Carlos Alcaraz, US Open 2023)

UN FUTURO PROMISORIO

Como les ocurre a todos los deportistas, Carlos Alcaraz también sufre altibajos en su carrera. Tras una temporada 2023 radiante, en la temporada 2024 enfrentó varias derrotas y lesiones que afectaron su lugar en el *ranking* mundial. Pero la grandeza de un deportista no se mide solo por alcanzar y mantener el primer puesto, sino también por levantarse tras las caídas y dar lo mejor de sí mismo en cada torneo. ¡Y Carlos Alcaraz es pura garra y compromiso! Su carrera acaba de empezar, pero ya ha dejado una huella en la historia del tenis mundial y es un orgullo nacional.

En 2023, con veinte años recién cumplidos, Alcaraz ya era considerado un soplo de aire fresco en el tenis mundial. En esa temporada ganó seis títulos (Buenos Aires, Indian Wells, Barcelona, Madrid, Queen's y Wimbledon) y se convirtió en uno de los jugadores más completos del circuito y, sin ninguna duda, en uno de los mejores tenistas en todo tipo de superficies.

Alcaraz fue honrado con el Premio Laureus 2023 al Deportista Revelación. La gala, celebrada en el Pavillon Vendôme de París, repartió los ocho premios Laureus que estaban en juego. Alcaraz fue el único español nominado.

TÍTULOS
(HASTA JUNIO 2024)

Año	Torneo	Categoría	Superficie	Rival	Resultado
2021	Umag	ATP 250	Tierra batida/polvo de ladrillo	Richard Gasquet	6-2 y 6-2
2022	Río de Janeiro	ATP 500	Tierra batida/polvo de ladrillo	Diego Schwartzman	6-4 y 6-2
2022	Miami	Masters 1000	Dura	Casper Ruud	7-5 y 6-4
2022	Barcelona	ATP 500	Tierra batida/polvo de ladrillo	Pablo Carreño Busta	6-3 y 6-2
2022	Madrid	Masters 1000	Tierra batida/polvo de ladrillo	Alexander Zverev	6-3 y 6-1
2022	US Open	Grand Slam	Dura	Casper Ruud	6-4, 2-6, 7-6 (1) y 6-3
2023	Argentina Open	ATP 250	Tierra batida/polvo de ladrillo	Cameron Norrie	6-3 y 7-5
2023	Indian Wells	Masters 1000	Dura	Daniil Medvédev	6-3 y 6-2
2023	Barcelona	ATP 500	Tierra batida/polvo de ladrillo	Stéfanos Tsitsipás	6-3 y 6-4
2023	Madrid	Masters 1000	Tierra batida/polvo de ladrillo	Jan Lennard Struff	6-4, 3-6 y 6-3
2023	Queen's	ATP 500	Hierba/césped	Álex de Miñaur	6-4 y 6-4
2023	Wimbledon	Grand Slam	Hierba/césped	Novak Djokovic	1-6, 7-6 (6), 6-1, 3-6 y 6-4
2024	Indian Wells	Masters 1000	Dura	Daniil Medvedev	7-6 (5) y 6-1
2024	Roland Garros	Grand Slam	Tierra batida/polvo de ladrillo	Alexander Zverev	6-3, 2-6, 5-7, 6-1 y 6-2

ALGUNOS RÉCORDS

- El tenista más joven de la historia en ganar el Mutua Open de Madrid (8 de abril de 2022).

- El primer tenista en ganar a Rafael Nadal y Novak Djokovic en el mismo torneo, el Mutua Open de Madrid.

- El jugador más joven de la historia (19 años y 3 días) en eliminar a tres de los cuatro primeros clasificados: Nadal (4), Djokovic (1) y Zverev (3), en Madrid.

- El primer tenista español en ganar el Masters 1000 de Miami (3 de abril de 2022).

- El tenista más joven de la historia en ganar el Masters 1000 de Miami, superando a Novak Djokovic.

- El tenista más joven de la historia en ganar un torneo ATP 500 (Río de Janeiro, 20 de febrero de 2020).

- El primer tenista español que alcanzó los cuartos en su debut en el US Open.

- El tenista que entró al *top* 500 con 16 años, a la misma edad que Nadal y antes que Novak Djokovic y Roger Federer.

- El tenista más joven de la década en levantar su primer título de la ATP (18 años, 2 meses y 20 días).

- El jugador más joven en llegar a una semifinal de Grand Slam, en el US Open, desde el año 2005. Su partido en semifinales contra Jannik Sinner ha sido el segundo más largo en la historia de ese torneo.

- El octavo tenista en la historia en ganar Queen's y Wimbledon en un mismo año, algo que logró Rafa Nadal en 2008.

- El quinto jugador en la historia en ganar dos Grand Slam antes de los 21 años. Nadie lo había logrado desde Nadal.

- El tercer tenista más joven (20 años) en ganar Wimbledon después de Boris Becker y Bjorn Borg.

- El hombre más joven en ganar un Grand Slam en las tres superficies: tierra batida/polvo de ladrillo, dura y hierba/césped.

RESPUESTAS

Página 4: B. Se conocen desde los 12 años, época en la cual Holger Rune solía aventajar a Alcaraz.

Página 6: B. A Carlos le encanta jugar al fútbol con sus amigos y pescar cuando está en la playa.

Página 8: A.

Página 12: C. Rafael Nadal lo logró con 17 años y 20 días en Wimbledon 2003; y Arantxa Sánchez Vicario lo consiguió con 15 años en Roland Garros 1987.

Página 20: C. Se dice que el verdadero ganador del Grand Slam es aquel tenista capaz de ganar los cuatro torneos en un mismo año.

Página 26: B. Rafael Nadal, Manolo Santana, Garbiñe Muguruza, Conchita Martínez y Carlos Alcaraz.

Página 28: A.

Página 32: A. Lo llamaban *Cuerpo de espagueti* por no tener un cuerpo muy desarrollado; a Nadal lo llamaban el *Enterrador*, por su éxito en superficies de tierra; y a Ferrer, *Correcaminos*, por su velocidad.

Página 34: B. El tenista, después de cada partido, en especial si son duros, se hace baños de hielo en los vestuarios para acelerar la recuperación muscular.

Página 40: C. Alcaraz incluso se animó a cantar esta canción en una entrevista, tras decir que la escuchaba para entrenar.